AF310011

Léon ARISTID

A Paris!

PARIS

IMPRIMERIE TÉQUI ET GUILLONNEAU

3 bis, RUE DE LA SABLIÈRE (XIVᵉ)

Bibliothèque Syndicale et Ouvrière

Cette bibliothèque se compose d'une série de petites brochures destinées à être distribuées après une réunion par les soins d'un comité soit aux ouvriers, soit aux jeunes gens.

N° 1. — **Le Roi Salomon** ou la **Vente à crédit.** Combat le procédé juif de la vente par abonnement.

N° 2. — **Un soir d'hiver,** étude sociale prise sur le vif, montrant le rôle désastreux du franc-maçon dans la commune ou le canton.

N° 3. — **La Terre libre,** où l'on raconte avec humour l'échec d'une caravane d'ouvriers voulant vivre dans le collectivisme.

N° 4. — **Fumistes!** Cinq études mettant à découvert les tartuferies des meneurs socialistes.

N° 5. — **Victimes!** Divers récits par lesquels on montre le tort considérable fait aux travailleurs par certaines dispositions législatives.

N° 6. — **Le vrai Syndicat.** Piquant récit qui met en évidence les avantages et les bienfaits d'un groupement professionnel basé sur l'entente entre le capital et le travail.

N° 7. — **Grève manquée.** Intéressant épisode dans lequel le jeu de certains gréviculteurs est mis à jour et donne aux ouvriers sérieux le dégoût de ces professionnels du désordre.

N° 8. — **L'Héritage de Balédent.** Aventure fantastique dans laquelle on montre un prolétaire, devenu un heureux du siècle, s'intéressant avec intelligence au sort des malheureux et accomplissant ainsi son devoir social.

N° 9. — **Pensez à demain.** Récits pleins d'intérêts, puisés dans la vie ouvrière, exhortant les travailleurs à compter beaucoup sur eux-mêmes pour bien conduire le budget de la famille.

N° 10. — **Soutane et Blouse.** Histoire anecdotique où l'on montre par les faits comment un curé soucieux d'attirer à lui les travailleurs, a transformé une cité ouvrière dans laquelle on disait couramment que le curé était un homme inutile dont on pouvait fort bien se passer.

N° 11. — **Tous Mutualistes!** Episode pris dans le vif, montrant l'heureuse influence de la mutualité pour rendre l'ouvrier plus prévoyant et meilleur.

Conditions de vente :

0 fr. 10 l'ex.; 8 fr. le cent; 60 fr. le mille.

A PARIS !

I

Le Partage.

On venait d'enterrer le Père Mayet, le boucher de Flavigny.

Huit jours auparavant, le brave homme avait été trouvé par sa fille, étendu dans son échaudoir, auprès du bœuf qu'il venait d'égorger ; il avait été terrassé par une attaque d'apoplexie.

Après une agonie de plusieurs jours, au cours de laquelle il n'avait pas une seule minute repris connaissance, Mayet était mort, entouré de sa fille Jeanne et de ses deux fils, Lucien et Gustave.

Depuis près de quarante années, Mayet exerçait son métier à Flavigny où il était né.

Il avait épousé une jeune fille aussi pauvre que lui ; et quelques années plus tard, il succédait à son patron mort sans héritiers.

La maison n'était pas mauvaise ; Mayet n'avait pas de concurrence dans le pays et comme il était travailleur et économe, il réussit à mettre quelque argent de côté.

D'ailleurs il lui fallait trimer dur pour laisser plus tard un petit avoir à ses trois enfants.

Le travail ne faisait pas peur au paysan.

Quand il avait couru les foires, les marchés, et visité les cultivateurs des environs afin de se procurer les bêtes qu'il devait convertir en côtelettes, gigots ou pot-au-feu, il trouvait encore le temps de soigner lui-même un jardin qui était cité comme un des mieux tenus du village.

Lorsque Lucien, le fils aîné du boucher, eut atteint ses treize ans, son père le mit en apprentissage chez un de ses confrères de la ville.

Il y était depuis environ un an, lorsque Mme Mayet mourut.

Ce fut un rude coup pour Mayet et pour toute la famille, mais Jeanne grandissait, ce fut elle qui remplaça l'absente, et peu à peu, la famille reprit son existence accoutumée.

Son apprentissage terminé, Lucien rentra à Flavigny.

C'était un gars solide, pas maladroit, et qui avait, comme son père, du cœur à la besogne. Peu à peu, le père Mayet laissa à son fils la direction de la boucherie, et comme il avait quelques milliers de francs de côté, il acheta des terres qu'il se mit à cultiver. De temps en temps, le paysan achetait, de-ci, de-là quelque lopin qui, peu à peu, arrondissait ses propriétés ; Gustave, lui aussi, grandissait, il fallait bien trouver à occuper l'activité de chacun des membres de la famille.

Bientôt le fils aîné dut aller faire son service militaire, et son frère, qui avait fait un bon apprentissage sous la direction du père Mayet, le remplaça à la boucherie.

Ses trois ans de service terminés, Lucien revint reprendre son poste, et quelques mois plus tard, c'était au tour de Gustave de partir au régiment.

Le hasard voulut qu'il allât faire ses trois ans dans un régiment en garnison à Paris.

Cependant, les affaires continuaient à bien marcher à Flavigny ; une usine, une filature occupant près de deux cents ouvriers avait été installée près du village et la clientèle de Mayet s'était du coup accrue dans de notables proportions.

Les bénéfices qu'il réalisait permettaient au brave homme de continuer à arrondir son domaine, et il devenait peu à peu un des propriétaires les plus en vue du village.

Lorsque Gustave revint à son tour du service militaire, Mayet possédait une quinzaine d'hectares de terre; et il avait dû prendre un domestique pour l'aider à faire valoir son bien; d'un autre côté la boucherie marchait en d'excellentes conditions, et les habitants du village se répétaient que Mayet gagnait de l'argent « tant qu'il en voulait ».

Ce fut donc en pleine quiétude, en pleine prospérité, que la mort vint surprendre la famille.

.·.

Après l'enterrement, le notaire du canton qui avait assisté aux obsèques réunit les deux fils et la fille du défunt et leur dit :

— Mes enfants, il va falloir maintenant prendre une décision relativement à l'héritage que votre père vous a laissé. Je suis certain que si votre pauvre père avait eu la possibilité de vous adresser ses dernières recommandations, il n'eût pas manqué de vous recommander de rester et de vous accorder tous ensemble comme par le passé.

Vous avez de quoi vivre; la boucherie est bonne, il vous suffira de prendre un autre domestique pour les terres, et peu à peu, vous vous habituerez à la nouvelle situation que le destin vous a faite. Cependant, si l'un de vous pensait que cette solution si sage n'est pas conforme à ses désirs ou à ses intérêts, je suis à votre disposition.

— Je vous remercie, monsieur, répondit Lucien ; pour moi, je pense que le meilleur et le plus sage c'est de se ranger à l'avis que vous avez exprimé, et je crois que c'est également le désir de Gustave et de Jeanne.

— En effet, s'empressa de répondre la jeune fille.

Gustave, cependant, n'avait pas répondu un mot.

Son silence fut remarqué par le notaire qui lui dit :

— Eh bien ! tu ne dis rien ? aurais-tu par hasard d'autres idées en tête ?

— Peut-être, répondit évasivement le jeune homme... et au bout d'un instant il ajouta :

« Je demande à réfléchir, j'irai vous voir la semaine prochaine et nous en recauserons !

— Comme tu voudras, répondit le notaire, mais fais bien attention ! on fait quelquefois en une minute, une bêtise que l'on regrette ensuite toute sa vie !

— Bah ! répliqua Gustave, je ne suis plus un enfant, et si je prends une décision, ce ne sera qu'après en avoir d'avance envisagé toutes les conséquences.

*
* *

Lorsque le notaire fut parti. Lucien demanda à son frère ce qu'il avait l'intention de faire.

— Je n'en sais rien encore, répondit le cadet, ça dépendra de l'avis d'une personne que je vais consulter.

Il ne voulut rien dire de plus et se mit à écrire une lettre qu'il alla lui-même jeter à la poste.

Trois jours plus tard, il recevait une réponse

qui paraissait conforme à ce qu'il désirait et ce fut presque joyeusement qu'il dit à sa sœur :

— Je vais atteler la carriole ; il faut que j'aille immédiatement chez le notaire.

Et il ajouta :

— J'ai reçu une lettre de Paris.

.
' '

Deux heures plus tard, Gustave Mayet entrait dans le cabinet du notaire et sans autre préambule, il lui dis :

— Je viens continuer notre conversation de l'autre jour ; j'ai pris une décision irrévocable : je veux ma part des biens du père.

— C'est facile, mon ami, dit tranquillement l'homme de loi : nous allons faire évaluer la totalité de l'héritage, et si vous vous entendez avec ton frère et ta sœur, on pourra faire un partage à peu près égal du patrimoine commun.

— Non ! vous ne comprenez pas ; ce n'est pas cela que je demande : je veux ma part en argent !

— En argent ! Mais alors il va falloir tout vendre, disperser au feu des enchères ce patrimoine que ton pauvre père a eu tant de mal à constituer ; ce n'est pas possible !

— C'est pourtant ce que je veux, déclara Gustave. Voici ce que j'ai décidé de faire :

A Paris, j'avais pour camarade un jeune homme dont le père est marchand de fonds de commerce ; je lui ai écrit pour lui demander s'il était possible de s'établir à Paris, sans trop de frais ; chez nous, je ne ferai jamais que végéter, tandis que là-bas, avec l'expérience que j'ai acquise, du courage, de la ténacité, et aussi je l'espère, avec la chance qui me favorisera, je pourrai me faire en peu de temps, une situation enviable; d'ailleurs, j'ai là-bas des relations qui me faciliteront grandement la besogne.

— Mon pauvre ami, dit le notaire, je vois avec tristesse que ta résolution est prise, je souhaite de tout cœur que tu réussisses, mais je redoute pour toi bien des dangers et des désillusions. Et puis il faut aussi songer à ton frère et à ta sœur qui eux, n'ont aucune envie de quitter le pays, tu ne peux pas songer à faire vendre la boucherie qui les fait vivre; d'ailleurs, je crois que la vente des terres produira à elle seule une somme assez ronde. N'est-ce pas ton avis?

— Je m'en rapporte à vous, répondit le jeune homme, mais je tiens à ce que tout soit terminé le plus tôt possible.

— On activera les formalités; mais as-tu fait part de tes intentions à ton frère et à ta sœur?

— Pas encore, mais nous réglerons la question ensemble ce soir même.

En effet, en rentrant, Gustave exposa son projet à Lucien et à Jeanne. Il y eut à ce sujet une scène assez vive entre l'aîné et le cadet, mais celui-ci avait son idée solidement ancrée dans le cerveau et il refusa même d'écouter les arguments de son frère.

— Puisqu'il en est ainsi, déclara Lucien, fais ce que tu voudras, mais rappelle-toi qu'à partir d'aujourd'hui, il n'y a plus rien de commun entre nous. Si tu as la chance de réussir, tant mieux pour toi; mais dans le cas contraire, il sera inutile de venir frapper à notre porte; elle t'est désormais fermée.

Le notaire tint parole; il abrégea dans la mesure du possible les formalités et en moins d'un mois, les terres que le père Mayet avait eu tant de mal à acquérir étaient vendues. Les frais réglés, la vente avait produit 12.000 fr. 4.000 fr. furent remis à Jeanne, et 8.000 fr. constituèrent la part de Gustave, qui le lendemain matin prenait le train pour Paris.

II

Une bonne affaire.

Aussitôt débarqué dans la capitale, Gustave Mayet prit un fiacre et se fit conduire rue Grenéta. C'était là que demeurait son camarade de régiment.

La voiture s'arrêta devant une maison de piètre apparence, aux fenêtres étroites, aux murs d'un gris sale. Après avoir payé son cocher, le paysan entra chez la concierge et demanda :

— M. Bloch, s'il vous plaît ?

— Au troisième, à droite, lui fut-il répondu ; d'ailleurs, ajouta la concierge, vous ne pouvez vous tromper, le nom est sur la porte.

Gustave s'engagea dans un escalier étroit et obscur, aux marches glissantes, et prestement, gravit les trois étages ; il sonna, et ce fut son ancien camarade qui vint lui ouvrir.

Samuel Bloch était un gros garçon rougeaud, au nez fortement crochu, au regard fuyant, et dont la physionomie caractéristique décelait, à premier examen, un échantillon réussi de la race sémitique.

Il accueillit avec de grandes démonstrations d'amitié son ancien copain et lui dit :

— Nous allons pouvoir causer ensemble pendant quelques instants, papa est justement en train de traiter une affaire, nous nous occuperons de la tienne ensuite.

· Et les deux jeunes gens se mirent à parler du passé, à évoquer le souvenir des anciens compagnons d'armes, dispersés un peu partout.

L'entretien fut interrompu par un bruit de voix sur le palier, un coup de sonnette retentit, puis le bruit d'une porte qui se ferme...

— Voilà le client de papa qui s'en va, dit Samuel, il est maintenant libre, je vais te faire faire sa connaissance.

Et il entraîna son camarade dans le bureau du marchand de fonds. Gustave remarqua de suite que le père était exactement le portrait du fils... avec une trentaine d'années de plus.

En quelques mots, Samuel présenta son camarade.

M. Bloch tendit la main au jeune paysan, et immédiatement on parlait de l'affaire.

— Alors, cheune homme, demanda le marchand de fonds, avec un fort accent tudesque, fous foulez fous étaplir?

— Oui, répondit Gustave, et c'est uniquement pour cela que je suis venu à Paris; d'ailleurs Samuel a dû vous parler de la lettre que je lui ai écrite?

— Oui, oui, che suis au gourant. Je me suis même técha occupé te fous, et je tois fous tire que che gompte fous draiter non bas en glient, mais en ami, et ch'ai à fous broboser une oggazion exceptionnelle!

— Je vous remercie, répondit le jeune boucher, très flatté de cet accueil.

Et en lui-même il se disait:

« J'ai vraiment de la chance, ça va marcher

comme sur des roulettes. Je crois que si cela continue, je ne serai pas long à faire mon chemin. »

Cependant, Bloch père, avait d'un léger signe appelé son fils près de lui, et tous deux échangèrent rapidement quelques mots à voix basse.

— Avant de parler affaire, dit le jeune Israélite à son camarade, mon père voudrait que tu fasses plus ample connaissance avec lui ; après tout, tu ne le connais pas, et il est bon que, avant de conclure quelque chose, tu saches au moins à qui tu as affaire?

— Oh! protesta le paysan, j'ai confiance en vous, je vous connais assez...

— Moi, oui, mais mon père c'est autre chose, interrompit Samuel; aussi il m'a demandé de te prier de vouloir bien accepter de partager notre dîner ce soir, et puis, justement, nous avons une loge pour l'Ambigu, tu nous accompagneras!

Gustave essaya bien de protester, pour la forme, du reste, car au fond il était enchanté, mais il finit par accepter tout ce qu'on voulut. Il dîna donc avec la famille Bloch, et l'accompagna au théâtre.

À la sortie, il offrit, dans un café, une bouteille de champagne à ses nouveaux amis, puis, Samuel alla confier son camarade à un hôtelier qu'il connaissait, une maison tranquille et bien fréquentée, affirma-t-il.

Le jeune boucher fit, cette nuit-là, des rêves dorés.

Le lendemain matin, avant huit heures, il était debout et se mettait en devoir d'aller trouver M. Bloch; il était en effet convenu entre eux qu'ils devaient aller ensemble visiter la maison qui constituait à l'occasion exceptionnelle » dont le juif avait parlé à son nouveau client.

C'était justement un dimanche; le temps était magnifique. Bloch père et fils et Gustave Mayet descendirent la rue Grenéta jusqu'à la rue Montmartre et grimpèrent sur l'impériale de l'omnibus Porte-Saint-Martin-Grenelle.

— C'est à Grenelle que se trouve la maison que nous allons visiter, expliqua le marchand de fonds. Le titulaire actuel vient de recueillir en province un important héritage, et comme il est déjà d'un certain âge, il a résolu de vendre son fonds et de se retirer. Comme il n'a pas besoin d'argent, nous obtiendrons des conditions avantageuses. Je dois vous dire que cette boucherie est la meilleure du quartier. Je suis certain qu'en moins de dix ans, si vous vous occupez sérieusement de votre affaire, vous pourrez y réaliser une fortune.

Gustave, très à l'aise, demandait de nombreuses explications à son nouvel ami, et celui-ci lui répondait avec beaucoup de complaisance.

Tous deux étaient parfaitement d'accord, lorsque l'omnibus s'arrêta au coin du boulevard de Grenelle.

— Nous voici presque arrivés, dit Bloch, nous n'avons plus que 200 mètres environ à faire à pied.

Les trois hommes s'engagèrent dans la rue du Commerce.

— Diable ! dit tout à coup Gustave, je m'aperçois qu'il y a de la concurrence, par ici ! Voici déjà trois boucheries que je compte depuis que nous sommes engagés dans cette rue ; et j'ai même remarqué qu'il n'y a pas foule de clients.

— C'est en effet une concurrence qui n'est

pas redoutable, affirma Bloch; d'ailleurs, vous pouvez vous en rendre compte, nous voici arrivés.

Les trois hommes se trouvaient en effet devant une boutique de boucherie qui était littéralement assiégée par une foule d'acheteurs: aux crochets de l'étal, des quantités de bœufs, de veaux, de moutons, ornés de banderolles en papier vert. A la devanture, une longue guirlande de gigots, enveloppés de papier dentelé, s'étendait. Dans la boutique, plusieurs garçons se jetaient de main en main d'énormes morceaux de viande et se multipliaient, faisant d'inutiles efforts pour arriver à servir la clientèle, à chaque instant renouvelée. Sur la caisse étroite, s'amoncelaient des piles nombreuses de pièces blanches et jaunes. Dans la rue et dans la boutique, c'était une cohue indescriptible.

Gustave Mayet n'avait jamais rien vu de semblable. Il n'en croyait pas ses yeux.

— Eh bien ! lui dit Bloch, en lui frappant sur l'épaule, que dites-vous de cela, garçon ?

— Et... balbutia le jeune paysan... c'est toujours comme ça ?

— Tous les dimanches, oui ; naturellement, en semaine, c'est un peu plus calme, mais, malgré cela, la vente ne chôme pas. Ah ! vous pouvez vous vanter d'être arrivé au bon moment ! Je serai peut-être plusieurs années avant de trouver à vendre une maison comme celle-là !

— Mais c'est un fonds qui doit coûter terriblement cher, objecta le jeune paysan, et je ne sais pas si ce que je possède suffira pour l'acquisition du fonds.

— Pour ça, fiez-vous à moi, riposta l'Israélite ; je vous ai dit que je vous traiterais en ami, je n'ai qu'une parole ; le titulaire du fonds ne demande qu'une chose, céder sa maison le plus vite possible ; quand il saura que nous pouvons prendre la maison du jour au lendemain, il nous la laissera à un prix raisonnable. Je vais d'ailleurs traiter cela avec lui et je suis sûr du succès. Allez m'attendre au café en face avec Samuel ; dans un instant, j'irai vous rejoindre avec votre prédécesseur, et l'affaire conclue, nous irons déjeuner.

*
* *

En effet, moins d'une demi-heure après, le marchand de fonds et le boucher vinrent rejoindre les deux jeunes gens.

— Je vous l'avais bien dit ! s'écria Bloch ; l'affaire est en bonne voie. Avec moi, ça ne traîne pas ! Je vous présente votre successeur, dit le marchand de fonds au boucher en lui montrant Gustave Mayet.

Les deux hommes se serrèrent la main, Bloch commanda des consommations et la conversation s'engagea :

— Voici, dit Bloch, en s'adressant à Gustave, monsieur demandait 16.000 francs de son fonds ; je lui en ai offert 10.000 ; nous avons discuté et finalement, nous sommes tombés d'accord à 12.000. Vous avez eu la chance de trouver un homme raisonnable, qui, ayant de quoi vivre largement, a bien voulu favoriser les débuts d'un jeune confrère en lui cédant une maison de premier ordre pour à peu près la moitié de ce qu'elle vaut.

— 12.000 francs ! se récria le paysan, mais vous n'y pensez pas ! Je n'ai pas cette somme, il s'en faut de beaucoup, je croyais d'ailleurs vous avoir prévenu...

— Mais oui, mais oui, c'est entendu ; mais entre braves gens, est-ce qu'il n'y a pas toujours moyen de s'arranger ? Votre prédécesseur n'exige pas d'être payé entièrement comptant ! donnez-lui la moitié de la somme ; il vous accordera tout le temps nécessaire pour vous acquitter du solde, c'est du reste une affaire convenue entre lui et moi.

— Mais parfaitement, acquiesça le boucher ; vous me donnerez 6.000 francs comptant et je vous accorderai deux ans pour payer le surplus. Je ne suis pas inquiet, je sais quels bénéfices on peut réaliser dans la maison. Dans deux ans au plus tard, vous ne me devrez plus rien, et avant dix ans vous ferez comme moi, vous céderez la place à un autre après avoir fait votre affaire.

Un succulent déjeuner que Gustave Mayet tint à payer scella définitivement le marché avantageux qu'il venait de conclure.

Quelques jours plus tard, toutes les formalités de cession étaient accomplies et Mayet avait réalisé la première partie de son rêve : il était établi à Paris.

III

Le revers de la médaille.

Pendant la première semaine, Gustave ne fut pas mécontent des affaires ; la clientèle était assez nombreuse ; le jeune boucher commençait à se mettre au courant ; d'ailleurs, son prédécesseur avait tenu à rester quelques jours avec lui pour le présenter lui-même à la clientèle et aux fournisseurs.

— Vous verrez, disait-il au jeune homme, avant un mois, vous serez tout à fait familiarisé avec la clientèle parisienne et vous serez très capable de diriger convenablement votre maison.

A vrai dire, je n'étais pas tout à fait sans appréhension à ce sujet, car il y a une différence énorme entre une boucherie de campagne et une boucherie parisienne, mais vous êtes intelligent, vous vous tirerez d'affaire !

Le dimanche suivant, Mayet remarqua cependant que le nombre de clients était bien moins grand que huit jours auparavant; il demanda à son prédécesseur la cause de cette différence.

— Il ne faut pas s'étonner de cela, répondit l'autre. Il y a des dimanches où les Parisiens profitent du beau temps pour aller passer leur journée à la campagne; alors, ils ne font pas de cuisine chez eux, et naturellement, n'achètent pas de viande ce jour-là, mais ils se rattrapent en semaine.

Mayet se contenta de cette explication, mais il sentit en lui-même une vague inquiétude.

Le lendemain, le prédécesseur lui faisait ses adieux et quittait définitivement Paris.

Le soir, quand la boutique fut fermée, Gustave se rendit chez son ami Bloch.

— Eh bien ! lui dit celui-ci, comment marchent les affaires ?

— Mais très bien ! affirma le jeune boucher, avant peu, je serai tout à fait au courant; je compte bien réussir !

— Vous réussirez certainement, et j'espère qu'avant peu, avec la situation que vous avez, vous pourrez vous marier avantageusement. Quand on est à la tête d'une maison comme la vôtre, il n'est pas difficile de trouver une femme... avec une dot, rondelette, ce qui ne gâte rien ! au besoin, quand le cœur vous en dira, je pourrai vous aider de mes relations...

— Ce n'est pas de refus, répondit le boucher; nous en recauserons un peu plus tard.

— En attendant, vous prendrez bien une tasse de café avec nous?

Et Gustave passa le reste de la soirée chez l'Israélite en qui il avait maintenant une confiance sans limites.

***

Depuis déjà deux mois, Gustave Mayet était établi.

Les espérances qu'il avait conçues en venant à Paris commençaient à être fortement ébranlées, et sa belle confiance du début semblait l'avoir abandonné. Sans qu'il s'expliquât pourquoi, les affaires ne marchaient pas; la clientèle se faisait de plus en plus rare.

En semaine, quelques rares clients franchissaient de temps à autre le seuil de la boutique, et le dimanche, la vente n'était guère plus fructueuse. Gustave se creusait en vain la cervelle pour deviner la cause de ce changement; il n'y comprenait rien.

Fortement effrayé, il s'était un jour décidé à confier ses appréhensions à son ami Bloch.

A son grand étonnement, celui-ci le reçut plutôt froidement, lui laissant entendre que si la maison périclitait, c'était qu'il n'avait pas les aptitudes nécessaires pour la diriger, que, sans doute, sa « tête » ne revenait pas à la clientèle.

— A cela, ajouta-t-il, il n'y a rien à faire.

Je le regrette autant que vous, mais je n'y puis rien. Vu avez vu ce qu'était la maison quand vous l'avez prise; peut-être n'est-ce qu'un mauvais moment à passer, mais si dans quelque temps, la clientèle ne revient pas, vous ferez bien de ne pas vous entêter, le plus sage sera de revendre votre fonds; mais, ajoute-t-il, j'espère bien que vous n'aurez pas besoin d'en venir là !

Gustave rentra chez lui, le cerveau assailli de tristes pressentiments.

Il essaya de réagir :

— Bah! se dit-il; comme le dit ce brave Bloch, qui au fond a l'air plus ennuyé que moi, ce n'est qu'un mauvais moment à passer: la clientèle reviendra!

Hélas! la clientèle ne revint pas; loin de là, elle déserta de plus en plus la boutique, et un jour vint où le commerçant, voyant la faillite s'avancer à grands pas, se résigna à retourner chez Bloch.

— Décidément, lui dit-il, il ne m'est pas possible de résister plus longtemps; tâchez de vendre le fonds le plus vite possible.

— C'est que la saison n'est guère favorable pour vendre avantageusement, objecta le marchand.

— Tant pis ! vendez comme vous pourrez, mais faites vite, car c'est à peine si je puis faire face à mes engagements! J'ai confiance en vous, faites pour le mieux !

Le mieux que put faire Bloch, ce fut de trouver un acquéreur qui accepta de reprendre le fonds pour 6.000 francs.

— C'est désastreux, je le sais bien, dit hypocritement le juif, mais je suis forcé de vous conseiller d'accepter; si vous attendiez plus longtemps, nous n'aurons peut-être pas même la moitié de la somme offerte aujourd'hui.

Le marché fut donc conclu.

Il va sans dire que Gustave ne toucha pas un centime des 6.000 francs, puisqu'il redevait justement cette somme à son vendeur.

Le soir où fut signé l'acte de vente, il se souvint pour la première fois peut-être, depuis qu'il était arrivé à Paris, de son village, de la famille qu'il avait abandonnée, et aussi des avertissements prophétiques du vieux notaire.

— N'importe! dit-il. Ce qui est fait est fait; je n'ai plus rien à attendre de là-bas, n'y pensons plus!

D'ailleurs, je suis jeune, solide; j'ai mal débuté, mais je me rattraperai plus tard.

.·.

Lorsque Gustave Mayet eut payé ses fournisseurs et son personnel, et remis la maison à son successeur, il lui restait tout juste un billet de cent francs sur les huit mille francs avec lesquels il était venu à Paris.

Comme il allait quitter la boutique, un de ses garçons l'appela :

— Patron, je voudrais vous dire quelque chose!

— Parlez, mon ami, dit Gustave.

— Eh bien, voilà! Pendant le peu de temps que je suis resté avec vous, j'ai pu constater que vous étiez un brave homme, et vraiment, ça me fait de la peine de voir que vous avez été volé, comme au coin d'un bois, par une bande de filous.

— Volé! Comment cela, demanda le boucher qui ne comprenait pas du tout, et par qui?

— Par le marchand de fonds, d'abord, et par votre prédécesseur, qui s'est entendu avec lui pour vous mettre dedans.

Comme vous avez pu vous en apercevoir, la maison ne vaut rien ; le fonds ne vaut pas plus de 2.000 francs, et si on vous l'a racheté 6.000 francs, c'était simplement pour sauver les apparences. Tout vous sera expliqué lorsque je vous aurai dit que pendant les jours qui ont précédé votre première visite, on a distribué dans tout le quartier des prospectus annonçant une vente-réclame à des prix extra-ordinaires. Vous comprenez maintenant pourquoi il y avait ce dimanche-là, une telle affluence de clients, on vendait la viande à perte!

Mais plus tard, lorsqu'on s'est aperçu que les prix étaient redevenus les mêmes qu'ailleurs, la clientèle n'est plus revenue. Voilà comment les choses se sont passées!

— Mais, alors, s'écria Gustave, ça ne se passera pas comme ça! je vais aller chez le commissaire, je porterai plainte, et il faudra bien qu'on me rende mon argent!

— Non, on ne vous rendra rien du tout ; vous avez été volé, c'est très vrai, mais, *on vous a volé légalement*, sans enfreindre les prescriptions du code, il n'y a rien à faire... qu'à ne pas retomber une deuxième fois dans le même piège!...

Gustave ne répondit rien et s'éloigna la tête basse : ses dernières illusions étaient envolées.

IV

Sur le pavé.

Depuis déjà six semaines, Gustave Mayet avait cédé son fonds. Courageusement, après le désastre qu'il avait essuyé, il s'était mis à chercher de l'ouvrage et avait bientôt trouvé une place de garçon boucher; mais, il ne connaissait pas le travail de Paris, il ignorait complètement la manière de faire, le tour de main qu'exige la boucherie parisienne, bientôt il fut congédié.

Ne pouvant songer à travailler d'un métier, il chercha vainement un emploi dans des bureaux, des magasins, des administrations. Partout on lui faisait la même réponse :

« Nous n'avons besoin de personne en ce moment; notre personnel est au complet; repassez dans un mois, dans deux mois, ou encore, laissez votre adresse, on vous écrira! »

Le pauvre garçon voyait avec terreur ses cent francs fondre peu à peu; un matin, il entama sa dernière pièce de vingt francs pour payer la location de la modeste chambre meublée qu'il occupait.

C'était à bref délai, la famine, la misère noire!

Un jour, au cours de ses pérégrinations sans fin dans les rues de Paris, il avait rencontré Bloch; comme il allait l'aborder, l'autre avait vivement détourné la tête et était passé sur l'autre trottoir. Gustave continua son chemin. Depuis cinq minutes environ, il s'était remis à marcher, la tête basse, lorsque quelqu'un l'interpella :

« Hé! l'homme! »

Gustave se retourna. Il aperçut un homme qui lui faisait signe d'approcher; il s'avança.

Celui qui l'avait interpellé était un commissionnaire, arrêté auprès d'une voiture à bras chargée de caisses et de colis.

— Que me voulez-vous? demanda Gustave.

— Je vous ai vu passer et j'ai pensé que vous cherchiez du travail...

— Vous ne vous êtes pas trompé !

— Si vous voulez gagner une pièce de quarante sous, je vous embauche ; il s'agit de venir avec moi à la gare Montparnasse, pour expédier ces colis. Vous garderez là-bas la voiture pendant que je ferai enregistrer les malles, car il y en a pour plusieurs destinations, et je ne veux pas là laisser la voiture seule, il y en a pour une heure environ. Ça va-t-il ?

Gustave se hâta d'accepter. Il allait enfin gagner quelque argent, pour la première fois depuis près de deux mois qu'il cherchait de l'ouvrage. Qui sait si ce ne serait pas la fin de la malchance qui le poursuivait depuis si longtemps !

Il s'attela donc bravement dans les brancards de la voiture et l'on partit à bonne allure.

Comme l'avait prévu le commissionnaire, en moins d'une heure, la tâche était accomplie. Gustave reçut sa pièce de deux francs, et son compagnon tint à toute force à lui offrir un verre de vin, chez un charbonnier de la rue du Départ, puis ils se séparèrent.

Gustave, machinalement, s'engagea sur le boulevard Montparnasse.

Il faisait ce jour-là une chaleur lourde ; après avoir marché pendant quelque temps, le jeune homme, fatigué, s'assit sur un banc et, insensiblement, au bout de quelques instants, il s'endormit.

Tout à coup, il sentit, près de lui, comme un frôlement. Surpris, il s'éveilla.

Il vit alors un homme qui était venu pendant qu'il dormait, s'asseoir sur le banc. L'inconnu se levait et s'éloignait. Secouant la torpeur qui l'avait envahi, le jeune homme se dressa sur ses jambes, se frotta les yeux et, d'un pas mal assuré, il se dirigea vers la rue de Rennes.

Tout à coup, une idée rapide lui traversa le cerveau : Il porta vivement la main à la poche de son pantalon et ne put retenir un cri.

Son porte-monnaie, contenant ses dernières ressources, avait disparu. Il venait d'être volé; la pièce même qu'il venait de gagner avait disparu avec le reste. Le pauvre garçon se trouvait sur le pavé, sans un centime.

Le soir, il dut, pour la première fois de sa vie, se coucher le ventre vide, et le surlendemain, comme il n'avait pas payé la location de l'humble chambre meublée qu'il occupait, l'hôtelier le mit à la porte.

.·.

Depuis huit jours déjà, Gustave Mayet en était réduit à coucher dans la rue. Parfois, lorsque accablé il se laissait tomber et s'endormait sur un banc, il se sentait, au bout de quelques minutes, secoué par une main vigoureuse et la rude voix d'un sergent de ville lui criait :

« Hé ! l'homme ! c'est défendu de prendre la voie publique pour un dortoir ! Allez où vous voudrez, mais vous ne pouvez pas rester là. »

Alors, il repartait, la tête basse, pour s'arrêter un peu plus loin, et se demandait si ce calvaire n'allait pas bientôt prendre fin.

Une nuit, qu'il s'était étendu sur un banc, dans un quartier désert, il entendit quelqu'un s'approcher de lui :

Il allait se lever, croyant avoir devant lui un sergent de ville, mais il s'aperçut que le nouvel arrivant était simplement comme lui, un malheureux sans gîte.

— Alors, comme ça, lui dit l'homme, *on la refile?*

— Vous dites? demanda Gustave qui ne comprenait pas.

— Ah! dit le vagabond en riant, vous n'êtes pas de la partie, vous n'êtes pas encore au courant du langage des «purotins». Eh bien, *refi. ler la comète*, ça veut dire coucher dans la rue

— Eh! oui, dit mélancoliquement Gustave, on la refile.

— Sans doute; reprit l'inconnu, vous êtes comme moi, vous êtes « recalé » là-bas ?

— Là-bas, où ça?

— Ben, à l'asile de nuit, parbleu ! moi j'y suis allé le mois dernier, j'ai fait mes trois jours et depuis, je couche dans la rue; mais demain, le délai sera écoulé, et j'aurai le plaisir de coucher de nouveau dans un lit pendant trois jours.

Gustave, très intrigué, par les allures et le langage bizarre du vagabond, qui, après tout, n'avait pas l'air d'un mauvais diable, lui demanda des explications que l'autre donna de très bonne grâce.

— Voilà ce que c'est, dit-il. Quand on a des papiers en règle, on peut se présenter à l'asile de nuit; seulement, on n'a le droit d'y coucher que pendant trois jours consécutifs. Après ça, il faut attendre un mois avant de pouvoir y retourner.

— Si j'avais su, déclara Gustave, j'y serais bien allé aussi, voilà assez longtemps que je couche dehors !

— Alors, dit le vagabond, nous irons demain tous les deux. A propos, comment vous appelez-vous?

— Gustave Mayet, répondit le jeune homme.

— Moi, je m'appelle tout simplement Poil-aux-Pattes. J'ai peut-être un autre nom, mais je l'ai oublié. Maintenant que nous avons fait connaissance, nous pouvons « roupiller ». Je crois que nous serons tranquilles, le quartier n'est pas très sûr, les « flics » n'y viennent jamais la nuit.

*
* *

Le lendemain matin, Gustave s'éveilla, transi de froid, les membres courbaturés. Son compagnon dormait encore ; au bout d'un instant il se leva, à son tour. Il paraissait frais et dispos, comme un homme depuis longtemps habitué à cette existence.

— Maintenant, dit le vagabond, il va falloir déjeuner.

— Je déjeunerais bien aussi, déclara Gustave, mais je n'ai pas d'argent.

— Moi non plus, je n'en ai pas, mais à Paris il n'y a pas besoin d'argent pour vivre ; la soupe populaire n'est pas inventée pour les chiens. Venez avec moi.

Le jeune homme se laissa conduire et bientôt se trouva avec son compagnon dans une petite rue étroite et sale, où devant une porte fermée se pressait déjà une cinquantaine de miséreux, hommes et femmes.

— Voilà le restaurant populaire, dit le compagnon de Gustave, seulement, il faut attendre un peu, les garçons ne sont pas encore arrivés !

Au bout de quelques minutes, la porte s'ouvrit. Tous ceux qui attendaient passèrent à tour de rôle devant un guichet et reçurent un grand bol de soupe fumante.

Gustave avala le sien avec une réelle satisfaction : il n'avait rien mangé depuis l'avant-veille.

— Et maintenant, dit Poil-aux-Pattes, à l'ouvrage.

— Comment, s'étonna Gustave, vous travaillez donc?

— Un peu pour ne pas en perdre tout à fait l'habitude. Mais le métier n'est pas bien fatigant et, si vous voulez, je vous embauche; mon travail consiste à ramasser les bouts de cigares et de cigarettes, que je revends ensuite à la place Maubert.

Quand ça donne, on peut encore, dans une journée en ramasser pour quelques sous. Par exemple, hier, je n'ai pas pu travailler, car il a plu toute la journée.

Ce jour-là, Gustave Mayet, qui avait jugé indigne de lui de continuer à débiter de la viande aux braves gens de Flavigny, Gustave Mayet, qui était venu à Paris pour faire fortune, ramassa tout le jour des « mégots » en compagnie de Poil-aux-Pattes. Et le soir, il coucha à l'asile de nuit.

V

La dernière étape.

Cette nuit-là, Gustave Mayet eut enfin la joie de dormir dans un lit; et le lendemain, comme le lui avait déclaré Poil-aux-Pattes, il put revenir et fut accueilli avec bienveillance.

Le matin du deuxième jour, comme il se disposait à partir après avoir reçu une demi-livre de pain, un surveillant s'approcha de lui.

— C'est bien vous, Gustave Mayet? demanda-t-il.

— Oui.

— Désirez-vous travailler?

— Mais je crois bien ! s'écria le malheureux, je ne demande pas autre chose.

— Eh bien, passez au bureau du directeur, il vous donnera une adresse où vous pourrez vous présenter.

Le directeur donna, en effet, une adresse, celle d'un fabricant d'engrais de Pantin qui avait besoin d'une trentaine d'hommes de peine.

Avant de se rendre à l'adresse indiquée, Gustave Mayet tint à prendre congé de son ami Poil-aux-Pattes.

Ce dernier eut l'air surpris de la décision de son camarade.

— Comment, dit-il, tu vas travailler, pour de bon !

— Mais oui.

— Alors je te souhaite bien du plaisir ! dit ironiquement le vagabond ; moi, je préfère tout de même conserver ma liberté, mais chacun son goût !

Et le ramasseur de « mégots » tourna les talons en haussant les épaules avec un mépris non dissimulé.

Gustave Mayet se rendit sans plus attendre à l'adresse que lui avait indiquée le directeur de l'asile de nuit et il eut enfin la joie d'être embauché.

En vérité, la situation n'était guère brillante, le salaire s'élevait à 3 fr. 50 par jour et le travail n'était pas des plus agréables.

Il fallait rester tout le jour dans une atmosphère fétide, emplir des sacs d'engrais et les charger sur des voitures, qui les expédiaient ensuite dans les gares.

Les sacs pesaient cent kilos, et à la fin de

la journée Gustave était littéralement éreinté, mais la fatigue se trouvait largement compensée par l'argent qu'il toucha le soir.

Depuis un mois, il travaillait ainsi, et, à force de privations, il avait déjà pu économiser quelques francs.

« Quand j'aurai mis de côté une vingtaine de francs, se disait-il, je retournerai au pays, je m'arrangerai pour pouvoir apercevoir de loin notre maison. Je prendrai mes précautions pour n'être reconnu de personne. Je passerai là-bas une partie de la journée, ça me donnera du courage, et puis je reviendrai ici, je continuerai à travailler et je finirai bien par trouver une autre situation. »

.•.

Ce qui étonnait le plus le jeune homme, c'était de constater l'isolement complet dans lequel il se trouvait. Continuellement dans la journée, le soir, des gens le coudoyaient, passaient auprès de lui, et cependant, jamais il ne s'était senti plus seul.

Il ne connaissait personne, personne ne le connaissait ; il souffrait de n'avoir pas un ami à qui se confier, et il n'en regrettait que davantage son pays natal, et tous ceux qu'il y avait laissés.

Il songeait à ces choses, un matin, tout en attachant avec des ficelles, des sacs d'engrais qu'il faudrait ensuite charger sur le camion qui attendait. Déjà le charretier reculait son véhicule jusqu'au quai de chargement, lorsque la pelote de ficelle dont Gustave se servait roula à terre ; il se baissa pour la ramasser, mais il n'eut pas le temps de remonter sur le quai ; il fut serré entre le derrière de la lourde voiture et un des poteaux qui soutenaient le hangar.

Il ressentit dans la poitrine une douleur atroce, puis il lui sembla que le sol se dérobait sous lui, et il perdit connaissance.

Lorsque Gustave revint à lui, il était couché sur un lit d'hôpital, il avait le corps tout enserré de bandages ; une infirmière veillait près de lui, et, près de son lit, il vit des instruments de chirurgie et des linges rouges de sang.

— Ne bougez pas, lui dit l'infirmière, le moindre mouvement pourrait déranger vos pansements ; vous avez eu de la chance de n'avoir pas été tué sur le coup.

— De la chance, murmura mélancoliquement le jeune homme ; enfin qu'est-ce que j'ai ?

— Vous avez trois côtes brisées ; ce n'est pas une affaire ; vous vous en tirerez, mais pour le moment il faut vous taire et vous laisser soigner.

Le jeune homme obéit ; il poussa un soupir et ne dit plus rien.

Son état était cependant plus grave que ne l'avait dit l'infirmière.

Il y avait non seulement fracture des côtes, mais encore des lésions internes, et le médecin ne s'était nullement montré rassuré.

Lorsque le blessé avait eu la permission de dire quelques mots, on lui demanda s'il n'avait personne qui puisse venir le voir et s'intéresser à lui.

— Personne, je n'ai plus personne, avait-il répondu.

Ce ne fut qu'au bout de deux mois seulement que Gustave Mayet put commencer à se lever, mais le médecin le prévint que ce ne serait pas avant deux autres mois au moins qu'il pourrait quitter l'hôpital.

— Et encore, ajouta-t-il, vous ne serez pas complètement guéri.

Oh! comme le jeune homme s'ennuya pendant ces longues journées, durant lesquelles il était constamment seul! C'était avec un véritable soulagement qu'il voyait arriver les jours de visite. Personne cependant ne venait le voir, lui, mais le défilé des parents et amis de ses compagnons de misère, l'intéressait, la visite créait dans l'atmosphère alourdie de l'hôpital un mouvement qui égayait un peu. Puis la fin de la visite sonnait, la foule s'écoulait, et c'était le recommencement de la solitude, la suite des longues heures de regrets et aussi un peu de remords.

Un jour, pendant la visite, un interne, un jeune homme d'une vingtaine d'années, interrogea le malade.

— Il me semble, lui dit-il, que vous ne m'êtes pas inconnu, je vous ai déjà vu quelque part ; et votre nom, même, ajouta-t-il, en désignant la pancarte placée au-dessus du lit, est assez connu dans mon pays ; moi je suis de Mournant, dans la Beauce ; mon père est le docteur Dupuis. Est-ce que vous, vous ne seriez pas un des fils de Mayet, le boucher de Flavigny?

Gustave se troubla.

— Non, dit-il, avec hésitation, je ne suis pas un des fils Mayet, mais j'appartiens tout de même à la famille... je suis un parent éloigné.

Le trouble du jeune homme n'avait pas

échappé à l'interne ; pourtant, il parut ne pas l'avoir remarqué et dit joyeusement :

— Alors, nous sommes pays ! comme ça se trouve ! Maintenant que je le sais, je viendrai vous voir de temps en temps et nous causerons.

Ils causèrent, en effet. Chaque fois que l'interne avait un instant de liberté, il venait le passer auprès du blessé, qui peu à peu se laissait aller à des demi-confidences et était tout joyeux d'avoir maintenant un ami à qui il pouvait parler du pays.

Cependant l'état de Gustave ne s'améliorait que très lentement. L'accident qui avait failli lui coûter la vie avait profondément ébranlé son organisme, déjà délabré par les privations. Le jeune homme semblait menacé de ne pouvoir retrouver sa robuste santé de jadis.

« Si ce garçon-là reste à Paris, avait dit le médecin en chef au cours d'une de ses visites, il aura du mal à se remettre, la tuberculose le guette. »

Ce dimanche-là, Gustave Mayet se sentait plus triste que de coutume. Depuis quelques jours déjà, l'interne, son camarade, l'avait quitté, il était allé passer une semaine dans sa famille avant de subir ses derniers examens. Les yeux fixés sur la porte, le malade attendait l'heure de la visite.

Tout à coup, la porte s'ouvrit et le flot habituel envahit la salle. Instantanément, autour de chaque lit, des groupes se formèrent. Seul, celui de Gustave resta sans visiteurs.

« Heureusement, pensa le jeune homme, que je vais bientôt partir. »

Soudain, il tressaillit. Là-bas, à l'autre bout

de la salle, il venait d'entendre la surveil-
lante dire à quelqu'un qu'il ne voyait pas :
« Lit n° 18, au milieu de la salle, à droite ! »

Le lit n° 18, c'était le sien, il aurait donc lui
aussi, une visite, non ce n'était pas possible !

Intrigué, il se dressa à demi et regarda,
mais, brusquement, il pâlit et se jeta en avant,
les mains tendues en s'écriant :

— Lucien ! Jeanne ! Oh ! mon Dieu ! c'est
vous ! Comment êtes-vous ici ?

— Nous t'expliquerons cela tout à l'heure,
répondit Lucien, pour le moment, qu'il te suf-
fise de savoir une chose, c'est que nous venons
te chercher.

— Ce soir même ; nous avons l'autorisation
du médecin.

— Mais que dira-t-on, là-bas, quand on me
verra revenir ?

— On dira que tu es malade, et que tu viens
te rétablir, voilà tout.

— C'est le fils Dupuis qui vous a prévenus,
n'est-ce pas ? demanda Gustave, à voix basse.

— Oui, et c'est lui qui te soignera, répondit Jeanne, car il va prendre la suite de son
père qui est maintenant trop âgé pour continuer à visiter sa clientèle.

Retombé sur son oreiller, Gustave ne disait
plus rien, il tenait dans les siennes, les mains
de son frère et de sa sœur, et les yeux clos, il
se voyait déjà de retour au village, dans la
petite boutique modeste et gaie, au milieu des
braves gens qu'il connaissait et estimait...
chez lui, enfin.

Et il ressentait, en lui-même, le calme ré-
parateur d'un sommeil paisible, succédant à
un cauchemar...

Imp. Téqui et Guillonneau, 3 bis, rue de la Sablière. Paris.

9 782019 714062